Conception graphique : Bruno Douin
Maquette : Graphicat

300, rue Léon-Joulin, 31101 Toulouse Cedex 9 – France

Loi 49.956 du 16.07.1949
sur les publications destinées à la jeunesse.
Dépôt légal : août 2010
ISBN : 978-2-7459-4586-0
Imprimé en France par Pollina, 85400 Luçon - n° L53949

LES GOÛTERS PHILO

BRIGITTE LABBÉ • P.-F. DUPONT-BEURIER

LA RICHESSE ET LA PAUVRETÉ

ILLUSTRATIONS DE JACQUES AZAM

MILAN
jeunesse

Au menu de ton Goûter Philo

Les êtres humains parmi les plus pauvres au monde sont des filles de 10 ans qui vivent dans des petits villages en Afrique. Elles ne vont jamais à l'école, elles passent leurs journées à aller chercher de l'eau et de la nourriture. Pour cela, elles marchent 2 heures par jour, en portant sur leurs têtes des sacs très lourds. Le reste du temps, elles écrasent

des racines de manioc avec un grand bâton, elles pilent ce manioc pour en faire de la semoule et la cuire. Quand elles auront 12 ou 13 ans, elles seront mariées puis porteront leur premier bébé sur leur dos, elles auront beaucoup d'autres enfants, jusqu'à leur mort, vers l'âge de 35 ans.
Partout dans le monde, en Amérique, en Océanie, en Asie, en Europe, en Afrique, il y a des hommes et des femmes qui passent leur vie à essayer de survivre. Cette extrême pauvreté, la misère, est une prison dans laquelle chacun lutte pour trouver à manger et à boire, pour survivre.

Et pour ceux qui ne doivent pas lutter pour leur survie, la pauvreté, qu'est-ce que c'est ?
Et la richesse, qu'est-ce que c'est ?

Les enfants de la cigale et les enfants de la fourmi

On connaît tous la fable de Jean de La Fontaine « La cigale et la fourmi ». On sait que la cigale a choisi de chanter tout l'été, on sait aussi que la fourmi a passé son temps à travailler et que, l'hiver venu, l'une s'est trouvée fort dépourvue et l'autre fort à l'aise. Mais quelle est la suite de cette fable ? Quand les enfants de la cigale et les enfants de la fourmi ont grandi et sont devenus adultes, que leur est-il donc arrivé ?

Les enfants cigales, ayant travaillé
tout l'été, se trouvèrent tout de même
fort dépourvus quand la bise fut venue :
Plus un seul petit morceau
De mouche ou de vermisseau.
Ils allèrent crier « j'ai faim ! »
Chez les enfants fourmis, leurs voisins,
Les priant de leur prêter
Quelque grain pour subsister
Jusqu'au printemps nouveau.
« Que faisiez-vous au temps chaud ?
– Nuit et jour nous avons travaillé,
Mais notre misère est restée.
– Votre misère est restée ?
Tant pis pour vous ! Vous voilà
démunis ! Qu'y pouvons-nous ? »

Et les enfants de la cigale repartirent
serrés les uns contre les autres,
tête basse et ventre creux,
pendant que les enfants de la fourmi
s'installèrent confortablement autour
d'une grande cheminée et se firent
servir un magnifique festin.

Comment ces riches fourmis peuvent-elles claquer la porte au nez de ces pauvres cigales, et les laisser errer dehors, affamées et grelottantes ? Aucun doute : cette histoire de richesse et de pauvreté est une véritable histoire d'injustice.

Robin des Bois est-il coupable ?

Au tribunal, la foule gronde en voyant Robin des Bois encadré par 2 policiers s'asseoir dans le box des accusés.
En face, de l'autre côté de la salle, les riches messieurs et leurs avocats esquissent un sourire. Ce satané voleur va enfin être condamné !
« Accusé, levez-vous ! s'exclame le juge. Vous avez dérobé à ces messieurs ici présents de l'argent, des bijoux et autres biens. Vous êtes accusé de vol et vous risquez la prison. Avez-vous quelque chose à dire pour votre défense ? »
L'avocat de Robin des Bois prend aussitôt la parole :

« Monsieur le juge, Robin des Bois
n'a pas volé pour s'enrichir. Je dirais
même qu'il n'a pas volé du tout.
Il a simplement voulu mieux partager
les richesses : l'argent que monsieur
Robin des Bois a, disons, "prélevé"
à ces messieurs, a été distribué aux
pauvres de la région, afin de leur
éviter de mourir de faim et de froid.
Allez-vous condamner un homme
parce qu'il a sauvé des vies ? »
Les applaudissements explosent
dans la salle.
« Bien parlé, bien parlé ! hurle la foule.
– Quel scandale ! s'indignent
les avocats des riches messieurs.
– Silence ! » exige le juge
en se grattant la tête.

On comprend l'embarras du juge, la situation est vraiment délicate. Robin des Bois est-il un voleur ou un sauveur ? Est-il un hors-la-loi ou un héros ? Peut-on emprisonner quelqu'un qui a sauvé des centaines de vies humaines ?

Peut-on laisser libre quelqu'un qui a volé des centaines de riches ?

La décision du juge est très importante, les conséquences seront graves. Si Robin des Bois est déclaré coupable, cela veut-il dire qu'il faut laisser les gens mourir de faim ? Si Robin des Bois est déclaré innocent, cela veut-il dire que l'on peut partir cambrioler des banques, des bijouteries, des hypermarchés, des hommes et des femmes d'affaires très riches, des stars de cinéma, des chanteurs à succès, pour distribuer leurs richesses à tous ceux qui vivent dans la pauvreté ?

À l'attaque !

« Le boulanger est méchant », crie Victor en sortant de la boulangerie. Le papa de Victor regarde son fils, étonné. Victor continue :

« Tu as vu tous les gâteaux qu'il a ? Et les baguettes ? Il en a au moins 200 ! Il pourrait les donner aux pauvres. Et les restaurants, pourquoi ils n'invitent pas les clochards à déjeuner ? Et au supermarché, pourquoi ils ne font pas des paniers gratuits pour ceux qui n'ont rien ? Et les hôtels, je suis sûr qu'ils ont plein de chambres vides, pourquoi ils ne les ouvrent pas aux gens qui dorment dans la rue ? Et... »

Victor va-t-il devenir un Robin des Bois ? Va-t-il entraîner ses amis, sa famille, les habitants de son quartier à l'attaque des riches ? À première vue, on se dit : pourquoi pas ? Mais on se rend vite compte du problème. Qui va dire : celui-ci est riche, volons-le, celui-là n'est pas assez riche, laissons-le tranquille ? Et combien d'argent va-t-on

voler ? Et comment va-t-on répartir l'argent volé, combien va-t-on donner à celui-là, combien va-t-on donner à celui-ci ? Et puis, dès que quelqu'un va gagner de l'argent, il aura peur de se faire dépouiller par Victor et sa bande ! Est-ce qu'on imagine un pays peuplé par des Victor et des Robin des Bois ?

« Alors, qu'est-ce qu'on fait ? » demande Victor en regardant son père d'un air accusateur.

Une baguette, s'il vous plaît !

Si le boulanger se met à fabriquer les meilleures baguettes du quartier, si tout le monde préfère venir acheter le pain chez lui, est-ce qu'on va dire que le boulanger est méchant, égoïste et sans cœur parce qu'il s'enrichit ? Le boulanger ne pointe pas un pistolet sur les gens pour leur extorquer de l'argent, il fait des échanges : il

échange des baguettes contre de l'argent. Ces échanges ne sont ni bons ni mauvais, ni justes ni injustes, ni méchants ni gentils, ni beaux ni laids…
Peut-être que le boulanger est un homme méchant qui maltraite ses employés, peut-être qu'au contraire, il est gentil et juste. Mais les échanges qu'il fait, eux, n'ont aucune qualité, aucun défaut : ils existent, c'est tout.

« Alors, qu'est-ce qu'on fait ? » insiste Victor

Pas facile de répondre à cette question. Quand on voit ce qui se passe dans le monde, on sait que la réponse n'a pas été trouvée. Mais dans certains pays, on s'aperçoit quand même qu'il existe des débuts, des essais de réponses à la question de Victor. Dans certains pays, on fait comme Robin des Bois : on prend de l'argent aux plus riches pour en donner aux plus pauvres. Mais on ne le fait pas comme Robin.

On a trouvé une autre méthode, une méthode acceptée par tout le monde : on crée des lois pour prendre de l'argent à ceux qui en gagnent assez et redonner à ceux qui en ont besoin.

J'aurais pu être quelqu'un d'autre

Wilt est le meilleur joueur de basket-ball du monde. À chaque fois qu'il joue avec son équipe, des milliers de spectateurs veulent acheter un ticket d'entrée pour assister au match. Tout le monde passe toujours une excellente soirée quand Wilt joue. Dans les gradins, les gens sont heureux, ils n'ont aucun regret d'avoir payé 30 dollars pour voir leur vedette préférée, et Wilt, lui, gagne des millions de dollars.

Pourquoi une loi donnerait-elle à un gouvernement, à un État, la permission de prendre de l'argent à Wilt, de lui faire payer des impôts, pour redistribuer un peu de sa richesse aux autres ? Avec sa fortune, Wilt aide déjà ses parents, ses frères et sœurs, il leur a même acheté à chacun une grande maison. Pourquoi devrait-il payer des impôts pour construire des écoles, des hôpitaux, des routes, des ponts, financer des forces publiques pour la sécurité, des assurances chômage et toutes ces assurances qui vont servir à des gens qu'il ne connaît pas ? Wilt se fiche de tout cela : il a ses gardes du corps, il vit en sécurité ; il n'a pas d'enfants, donc pas besoin d'écoles ; il peut se payer les meilleurs médecins du monde ; il a des 4 x 4, des hélicoptères et des jets privés, donc pas besoin de routes…

Soudain, en pleine nuit, Wilt se réveille en hurlant. Il se lève d'un bond et se regarde dans le miroir. Il vient de faire le pire cauchemar de sa vie : il avait 14 ans et ses jambes avaient brusquement rétréci, il était devenu un nain. Dans son club de basket, on ne voulait plus de lui. Il passait tous les matchs assis sur le banc de touche en espérant que l'entraîneur le fasse entrer sur le terrain, mais l'entraîneur ne voulait plus de lui sur le terrain, il était exclu de l'équipe.

Brutalement, dans son rêve, Wilt était devenu un exclu et ses immenses richesses, accumulées grâce à son talent de basketteur, n'existaient plus.
On peut alors se demander quelle aurait été la vie de Wilt ?
Et quelle aurait été la vie de Julie si elle était née sourde ? Et quelle serait ma vie si je devenais aveugle ? Et la vie de Nelson en fauteuil roulant ? Quelle sera la vie de Roméo s'il perd son travail ? Et la vie de Nadège quand elle sera vieille ? Et la vie de Farid si…
Wilt n'est pas obligé d'être généreux. On ne peut obliger personne à être partageur, prêteur, gentil, attentif aux autres. Mais on peut demander à l'État de protéger les gens défavorisés, on peut demander à l'État d'organiser une solidarité entre les hommes. On peut vouloir que tous les hommes et toutes les femmes d'un pays se mettent à la place de tout le monde, pour créer des lois justes pour tout le monde.

Qui veut gagner un amoureux ?

Dans les journaux, dans les magazines, à la télévision, on parle beaucoup d'argent. Il y a des jeux où l'on pose des questions à des gens pour qu'ils gagnent des milliers d'euros ; on annonce qu'en grattant des tickets, en cochant des numéros, on va gagner des sommes d'argent incroyables ; on voit des photos de stars dans des hôtels très chers ; les publicités vantent des voitures qui coûtent des fortunes… À force, on pourrait finir par croire qu'être riche, cela obsède tout le monde.

Faisons un petit sondage auprès des adultes, à la maison, à l'école, à la cantine, au centre de loisirs, à la bibliothèque, dans le quartier… Voici la question à poser : à votre avis, quel cadeau les gens préfèrent-ils recevoir ?

- a/ Un amoureux.
- b/ Dix millions d'euros et jamais d'amoureux.

On parie sur le résultat du sondage ?! La majorité va choisir la réponse **a**, un amoureux. Bien sûr, on a tous besoin d'argent pour vivre, personne ne peut vivre d'amour et d'eau fraîche. Mais regardons ce qui se passe autour de nous. Quand les gens ont assez d'argent pour vivre comme ils veulent, passent-ils tout leur temps à chercher des moyens pour être plus riches encore ? Non ! Ils se promènent, ils discutent autour d'un café, ils lisent le journal ou un livre, ils regardent des DVD, ils vont au cinéma ou au théâtre ou au stade pour assister à un match de football, ils écoutent de la musique, ils font du vélo, ils font autre chose que s'occuper d'argent. Bien sûr, il existe des gens qui n'arrêtent pas de compter leurs sous, de calculer, de vouloir en avoir plus, des gens enfermés avec leurs richesses. Mais c'est quand même très rare. On ne peut pas dire que devenir plus riche soit une obsession générale.

Achète-moi une belle voix !

« Alors ma chérie, qu'est-ce que tu veux comme cadeau pour ton anniversaire ? Un micro pour chanter ? Un coffret karaoké pour t'entraîner ?

— Non ! Achète-moi une belle voix ! »

Maman éclate de rire.

« Mais on ne peut pas acheter une belle voix ! »

Lulu est déçue, elle veut devenir chanteuse, et elle rêve d'avoir une belle voix.

« Alors, comme cadeau, je veux un bisou de Carl. »

Maman éclate encore de rire.

« Tu crois que je peux trouver ça dans un magasin ! »

Lulu est vexée, on dirait que sa maman se moque d'elle. « À quoi ça

sert qu'elle me demande ce que je veux si, à chaque fois, elle dit que ce n'est pas possible ?», se demande Lulu.

« Ah, je sais ! dit finalement Lulu. Comme cadeau, je veux que tu m'enlèves ma peur d'aller à la piscine.

– Mais enfin Lulu, je ne suis pas une magicienne ! » s'impatiente Maman.

Et que veut le plus au monde la belle-mère de Blanche-Neige ?

La beauté !

Et les deux demi-sœurs de Cendrillon ?

L'amour du prince !

Et Ursula, avec ses tentacules de pieuvre ?

La voix mélodieuse d'Ariel, la petite sirène !

Et la Bête, cette terrifiante créature recluse dans son château, que veut-elle ?

Se faire aimer de Belle…

L'amour, l'amitié, le talent, la gentillesse, l'intelligence, l'honnêteté, la confiance en soi, le bonheur, le courage, le temps…, tout cela, Lulu ne le sait pas encore, mais l'argent ne peut pas l'acheter. La plupart des richesses que l'on souhaite, on ne peut pas les acheter.

Une vie trop serrée

Dans la cour de récréation, personne ne veut jouer avec Mimi. Pauvre Mimi ! Pauvre Alexis, il s'est cassé la jambe ! Pauvre Marianne, elle a eu 0 à la dictée ! Rosaline a quitté José, les amis de José le consolent : mon pauvre José ! Thomas est puni, il n'a pas le droit d'aller au cinéma cet après-midi, ses amis le plaignent :

pauvre Thomas ! Quentin et Clémence sont partis en vacances au bord de la mer, il n'a pas arrêté de pleuvoir : les pauvres ! Pauvre Jean ! Il s'est fait voler sa carte de crédit.

Quand on parle de Mimi, d'Alexis, de Marianne, José, Thomas, Quentin, Clémence et Jean en disant « les pauvres », cela n'a rien à voir avec le manque d'argent, de nourriture, de maison, de vêtements, de jouets… On comprend que l'on parle de quelque chose qui les prive, on comprend que l'on parle de quelque chose qui les empêche, qui les empêche de jouer, de vivre une histoire d'amour, d'aller au cinéma…

Pauvre princesse ! Elle habite dans un magnifique palais, entouré de somptueux jardins, mais elle n'a pas le droit de sortir en ville, et elle n'a même pas le droit de se promener dans ses jardins sans se cacher complètement le visage.

À quoi ressemble une vie quand on ne peut pas sentir l'air frais sur sa peau, courir, sauter, nager, grimper, rire aux éclats avec des copains ? La princesse possède 10 000 robes, des montagnes de diamants, ses coffres-forts débordent d'argent. Mais sa vie est toute serrée : rien n'y est possible.
Quand on dit pauvre, on pense tout de suite à pauvre en argent. Mais on peut être pauvre en possibles, on peut être pauvre parce que dans sa vie, rien n'est possible.

Mais comment font-ils ?

Mais comment Marc fait-il ?
Il n'a pas assez d'argent
pour s'acheter des livres et pourtant,
il en a déjà lu des centaines !

Joe et Marie n'ont pas assez
d'argent pour payer des professeurs
à leurs 3 enfants. Pourtant, leurs
3 enfants savent lire, écrire,

compter, ils connaissent l'histoire et la géographie, ils parlent 2 langues étrangères !

Luc n'est pas assez riche pour s'acheter un bateau, ni même une barque, mais il peut quand même aller à son travail qui est de l'autre côté du fleuve.

Éloi n'aura jamais les moyens de s'offrir des tableaux de Picasso, et son amoureuse, Lou, qui adore nager, ne peut pas construire une piscine chez elle. N'empêche qu'Éloi regarde très souvent des tableaux de Picasso en vrai et que Lou nage tous les matins.

Marc, Joe et Marie, Luc, Éloi et Lou ne roulent pas sur l'or. Et pourtant, tous les livres du monde sont à la

disposition de Marc, des professeurs enseignent toutes les matières aux enfants de Joe et Marie, Luc emprunte chaque matin un pont pour traverser le fleuve, Éloi passe des heures devant des tableaux de grands artistes, Lou va nager chaque jour. Comment est-ce possible ? C'est simple : là où ils habitent, il y a des bibliothèques municipales, des écoles gratuites, des ponts, des musées où, certains jours, on entre sans payer, des piscines dont l'entrée n'est pas chère. Dans leur pays, beaucoup de choses sont possibles.
Marc, Joe et Marie, Luc, Éloi et Lou ne possèdent pas de grandes quantités d'argent : ils ne sont pas riches en argent, ils sont riches en possibles.

Pourquoi tant de crottes sur les trottoirs ?

Tous les matins, Mme Brincard sort son chien pour qu'il fasse ses besoins. Normal : Mme Brincard vit dans

un appartement, il faut bien
que son chien fasse ses besoins
quelque part. Mme Brincard suit
toujours le même parcours : elle sort
de l'immeuble, tourne à droite, passe
devant l'école primaire, traverse
en bas de la rue et revient chez
elle par le trottoir d'en face.
Ce matin, Honoré est en retard,
il court pour arriver à l'école avant
la fermeture des portes. Soudain, il sent
son pied gauche glisser sur quelque
chose de mou. Oh non ! Une crotte de
chien ! Honoré est désespéré, il faut
qu'il arrive à l'heure mais il faut aussi
qu'il nettoie sa chaussure, sinon
ça va empester dans la classe.

Mais qu'est-ce qui se passe dans la tête de Mme Brincard ? Comment fait-elle pour continuer tranquillement sa promenade sans ramasser la crotte de son chien ? Laisse-t-elle son chien faire ses besoins au milieu de son salon ? Honoré risque-t-il de glisser sur une crotte quand il entre

chez elle ? Non ! Mme Brincard fait attention à sa maison, elle aime que tout soit bien propre. Alors, comment expliquer ce qui se passe ? Y a-t-il une différence entre son salon et le trottoir ? Pour Mme Brincard, oui, il y a une différence : le salon, c'est son salon à elle ; le trottoir, ce n'est le trottoir de personne.
Eh bien, Mme Brincard se trompe complètement ! Elle oublie une chose très importante : ce trottoir appartient à tout le monde donc c'est aussi son trottoir à elle.
Dans certains pays, les gens sont beaucoup plus riches qu'ils ne le croient : les jardins publics, les squares, les bacs à sable, les aires de jeux, les routes, les bibliothèques, les piscines, les terrains de sport, les musées, les écoles publiques, les transports en commun… toutes ces richesses collectives font partie des richesses de chacun.

Les hommes et les femmes politiques

Pauline est soulagée ! Depuis 2 mois, elle peut enfin faire ses devoirs au calme, sans les cris de ses 4 petits frères et sœurs, sans sa maman qui lui demande d'enlever ses livres et ses cahiers de la table de la cuisine pour dîner, sans la télévision que son père met trop fort. Comme elle est bien dans cette grande pièce silencieuse ! Et elle n'a plus besoin de quémander l'ordinateur à son grand frère pour faire ses exposés, elle surfe autant qu'elle veut sur Internet. D'ailleurs, ses professeurs ont vu le changement, ses notes sont passées au-dessus de la moyenne et elle est beaucoup moins fatiguée en classe.

Que s'est-il passé dans la vie de Pauline ? Ses parents ont-ils reçu en héritage une immense maison ? Son grand frère a-t-il gagné au

Loto ? Non, pas du tout. Pauline et sa famille vivent toujours dans leur petit appartement. En fait, il s'est passé une chose très simple : l'année dernière, les conseillers municipaux et le maire de sa ville ont voté la construction d'une bibliothèque. La bibliothèque a été inaugurée, il y a 2 mois, juste à côté de chez Pauline et, les soirs de la semaine, elle reste ouverte jusqu'à 22 heures. Après le dîner, Pauline part travailler dans la grande salle de la bibliothèque et elle peut se servir autant qu'elle veut des ordinateurs.

Voilà comment des hommes et des femmes politiques peuvent augmenter des richesses, voilà comment les hommes et les femmes politiques peuvent, souvent, aider à corriger des différences de richesses entre les habitants de leur pays.

Peut-être que Pauline va écrire
une longue lettre à Wilt pour lui
raconter ce que l'on peut faire
avec l'argent qu'il envoie aux impôts.

La cagnotte du cinéma

C'est mercredi, et comme tous
les mercredis, Laura, Lucie, Janis
et Mathis vont au cinéma.
« Je ne peux pas venir, j'ai été
privé d'argent de poche, annonce
Janis tristement.
– Oh ! Pas de chance ! Et on n'a
pas assez pour te payer ta place »,
se désolent ses copains en comptant
leur argent.
Le soir, Lucie pense à Janis.
Et si ça lui arrivait à elle ?
Jeudi matin, Lucie demande à Laura,
Janis et Mathis, s'ils sont d'accord
pour faire une cagnotte.
« C'est quoi ? demande Mathis.

– C'est comme une tirelire, explique Laura. Chacun met une partie de son argent de poche dedans.
– Et après, à qui est l'argent ? demande Janis.
– À tous les 4 ! Comme ça, celui qui aura un problème pourra quand même venir avec les autres au cinéma : la cagnotte paiera sa place. »

À la récréation suivante, ils sont d'accord pour mettre 75 centimes d'euro par semaine dans la cagnotte.

« Mais moi, je ne suis jamais punie, hésite Laura. La cagnotte ne me servira à rien !
– On ne sait jamais ! riposte Mathis. Et puis, tu peux perdre ton argent, ou te le faire voler, tu seras bien contente que la cagnotte t'aide. »

À la récréation suivante, ils se demandent comment faire si c'est toujours le même qui a besoin de la cagnotte.

« Et si on fait croire qu'on a été puni pour prendre dans la cagnotte ? » s'inquiète Lucie.

Finalement, les 4 amis écrivent un règlement et prennent la boîte en fer rouge de Laura comme cagnotte.
Peut-être que la cagnotte ne servira jamais, et qu'un jour il y aura tellement d'argent dedans qu'ils s'offriront un grand voyage ! Mais maintenant, ils sont tranquilles. En cas de coup dur, si Lucie se fait voler son argent,

si Mathis perd le sien, si Janis est de nouveau puni, si le frère de Laura l'a obligée à lui prêter de l'argent, ils pourront quand même aller ensemble au cinéma.

La solidarité

Il y a des gens qui donnent de l'argent à des hommes et des femmes pauvres, à des associations, à des organisations humanitaires qui aident ceux qui en ont besoin. Ces gens sont généreux. Ils décident d'eux-mêmes de distribuer un peu de leur richesse, ils décident combien ils donnent et à qui ils donnent.

Les parents de Lucie, Janis, Laura, Mathis, comme des millions d'adultes, doivent payer chaque année une assurance, ils donnent de l'argent à une société d'assurances : si leur maison est inondée ou brûle dans un incendie, l'argent de la société d'assurances

les aide à la reconstruire. Si la maison de quelqu'un d'autre brûle, l'argent de l'assurance aide l'autre à reconstruire sa maison, même si c'est quelqu'un qu'on ne connaît pas. Les gens envoient-ils de l'argent aux assurances pour aider les autres ?
Non. Chacun paie une assurance en pensant : *Et si ça m'arrivait à moi ?*
C'est incroyable : en pensant à soi, on réussit à inventer des cagnottes, des assurances, des caisses de sécurité sociale, des caisses de retraite, des syndicats..., on réussit à créer des organisations solidaires. On se protège soi-même et, en même temps, on protège les autres : cela permet de construire une solidarité entre les hommes.

POUR
NOUS

DANS LA MÊME COLLECTION

De Brigitte Labbé et Michel Puech

1. La vie et la mort
2. La guerre et la paix
3. Les dieux et Dieu
4. Le travail et l'argent
5. Prendre son temps et perdre son temps
6. Pour de vrai et pour de faux
7. Les garçons et les filles
8. Le bien et le mal
9. La justice et l'injustice
10. Ce qu'on sait et ce qu'on ne sait pas
11. Les chefs et les autres
12. Les petits et les grands
13. Libre et pas libre
14. Le bonheur et le malheur
15. La nature et la pollution
16. La fierté et la honte
17. L'être et l'apparence
18. La violence et la non-violence
19. La beauté et la laideur
20. Le rire et les larmes
21. Le courage et la peur
22. Le succès et l'échec
23. L'amour et l'amitié
24. Le respect et le mépris
25. La parole et le silence

De Brigitte Labbé et P.-F. Dupont-Beurier

26. Le corps et l'esprit
27. D'accord et pas d'accord
28. La mémoire et l'oubli
29. L'homme et l'animal
30. Les droits et les devoirs
31. Moi et les autres
32. Normal et pas normal
33. Le rêve et la réalité
34. Croire et savoir

Brigitte Labbé est écrivain. **Pierre-François Dupont-Beurier** est professeur agrégé de philosophie. **Jacques Azam** illustre tous les « Goûters Philo » et signe également des BD chez Milan.

Quelquefois, on se retrouve entre amis, à deux, à trois ou plus, pour regarder un film, faire un jeu, préparer un exposé ou simplement écouter de la musique. Ou bien on est là, ensemble, sans rien faire de spécial. Et il arrive que la conversation démarre, sur un sujet qui intéresse tout le monde.

MON CAHIER GOÛTER PHILO

Sans s'en rendre compte, on se lance dans de grandes discussions sur les parents, les professeurs, les amis, sur l'amour, la guerre, la honte, l'injustice… On refait le monde ! Et le soir, quand on se retrouve seul, on y repense.

C'était vraiment bien de pouvoir parler de tout ça, même si parfois, on est furieux parce qu'on n'est pas du tout d'accord avec ce que les autres disent, ou parce qu'il y en a qui veulent tout le temps parler et n'écoutent rien.

UN VRAI GOÛTER PHILO

Mais alors ! Si c'était bien, pourquoi ne pas organiser des débats, des discussions, sur un sujet qu'on choisirait ensemble ? À la maison, chez des amis ou, pourquoi pas, à l'école ?

Alors voici quelques trucs pour réussir un vrai « goûter philo » :

- Il vaut mieux ne pas être plus de 10 personnes.

- Évidemment, il faut un bon goûter, à boire et à manger !

- C'est bien d'être assis par terre... On peut s'installer comme on veut, on parle plus librement ! Et on peut mettre le goûter au milieu du cercle…

- Quelqu'un est chargé de proposer plusieurs sujets. Sauf si tout le monde s'est déjà mis d'accord pour parler de quelque chose de précis.

UN VRAI GOÛTER PHILO

Chacun réfléchit pour décider quel sujet il préfère, sans rien dire aux autres pour ne pas les influencer.

Quand tout le monde a choisi, on vote pour le sujet dont on a le plus envie de parler. Attention : un seul vote par personne.

Le sujet qui a le plus de voix gagne : c'est de cela qu'on va parler aujourd'hui.

Les autres trucs, pour réussir à s'écouter, pour ne pas s'agresser, pour accepter les idées différentes des siennes, pour laisser parler tout le monde, ces autres trucs, vous les trouverez vite vous-mêmes !

C'est parti ! Donnez-vous une heure. Mais après tout, vous pouvez aussi y passer la journée !

UN VRAI GOÛTER PHILO
SUR LA RICHESSE ET LA PAUVRETÉ

Les jus de fruits et les gâteaux sont là, le sujet aussi : aujourd'hui, vous avez choisi « La richesse et la pauvreté ». Si la discussion a du mal à démarrer – cela arrive quelquefois, on se regarde tous et personne ne sait quoi dire ! –, voici quelques pistes pour lancer le débat :

- Si nous étions à la place du juge de la page 11, que ferions-nous ?

- Qui est d'accord avec la réaction de Victor, page 13 ? Qui se pose les mêmes questions que lui ?

- Et nous, au sondage de la page 21, qu'est-ce que nous répondons ? Pourquoi ?

- Page 34, on se demande si Pauline va écrire une lettre à Wilt. Et nous, si nous écrivions à Wilt, que lui dirions-nous ?

UN VRAI GOÛTER PHILO
SUR LA RICHESSE ET LA PAUVRETÉ

Pour s'aider, on peut naviguer comme cela dans le livre. Quelqu'un lit tout haut un passage, ou une des petites histoires. Cela fait penser à des histoires qui nous sont arrivées ou sont arrivées à d'autres, on les raconte et on essaie, ensemble, de comprendre ce qu'elles veulent dire.

On peut aussi se poser des questions, et en poser aux autres. Et chercher ensemble des réponses… ou bien se rendre compte que, quelquefois, on ne trouve pas de réponse : derrière une question, il s'en cache une autre, et encore une autre, et encore une autre…

En voici quelques-unes, en vrac… de quoi s'occuper des heures ! « *Est-il injuste qu'il y ait des gens riches et des gens pauvres ?* » ; « *Quelle différence y a-t-il entre la générosité et la solidarité ?* » ; « *Est-ce qu'on peut être trop riche ?* » ; « *À partir de quand est-on pauvre ?* » ; « *Les riches sont-ils méchants ?* » ; « *Si on écrivait une lettre à un homme ou à une femme politique, quelle idée lui donnerait-on pour qu'il y ait moins de gens pauvres ?* » ; « *Est-ce qu'il faudrait que tout le monde ait exactement les mêmes richesses ?* »…

À vous de jouer ! À vous de goûter !
À vous de philosopher !

MES IDÉES...

... MES HISTOIRES

MES IDÉES...

... MES HISTOIRES

MES IDÉES...

… MES HISTOIRES

MES IDÉES...

… MES HISTOIRES